Fantásticos vehículos para la construcción

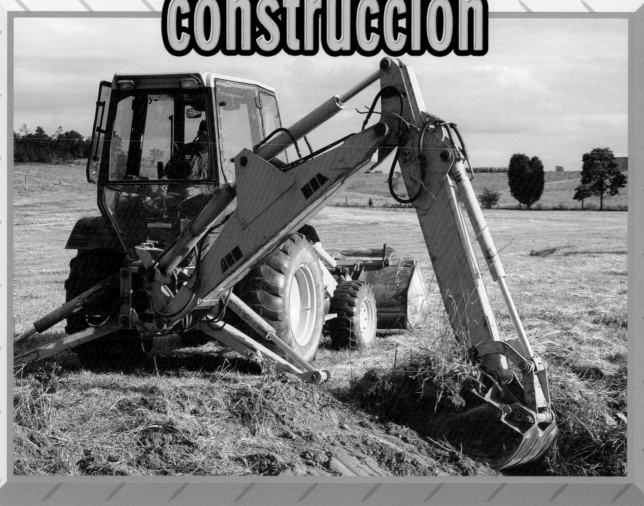

Kelley MacAulay y Bobbie Kalman

Crabtree Publishing Company

www.crabtreebooks.com

Creado por Bobbie Kalman

Dedicado por Nancy Johnson
A Rich, por su amor a la construcción
y su capacidad de ponerle techo a un granero y hacerme sonreír.

Editora en jefe
Bobbie Kalman

Equipo de redacción
Kelley MacAulay
Bobbie Kalman

Editora de contenido
Kathryn Smithyman

Editores
Molly Aloian
Michael Hodge

Investigación fotográfica
Crystal Foxton

Diseño
Margaret Amy Salter

Coordinación de producción
Heather Fitzpatrick

Técnica de preimpresión
Nancy Johnson

Consultor
Tim Cruickshanks, presidente de Cruickshanks Property Services

Consultor lingüístico
Dr. Carlos García, M.D., Maestro bilingüe de Ciencias, Estudios Sociales y Matemáticas

Ilustraciones
David Carson: contraportada, páginas 8, 9, 10 (derecha), 12, 15, 16, 18, 20, 25, 26, 31, 32 (todas excepto la compactadora y el volquete)
Tammy Everts: páginas 10 (izquierda), 13, 32 (volquete)
Katherine Kantor: página 32 (compactadora)
Margaret Amy Salter: página 11

Fotografías
Thomas Mayer/Alpha Presse: página 30
Cortesía de constructionphotographs.com: página 13
Fotografías de construcción: página 27
© George Steinmetz/Corbis: páginas 16-17
Dreamstime.com: © Darryl Brooks: página 18; © Roman Milert: página 31; © Robert Pernell: páginas 6-7, 28; © Ernest Prim: página 4; © Liz Van Steenburgh: página 9
Fotolia.com: Vladimir Georgievskiy: página 3
Sherwood Hoffman/Index Stock: contraportada (*bulldozer*)
iStockphoto.com: páginas 5, 11, 12, 24, 26, 29
Katherine Kantor: página 15
Diane Payton Majumdar: página 8
© ShutterStock.com: Florin C: página 23; Titus Manea: página 14; Roman Milert: páginas 20-21; Roger Dale Pleis: página 22; Francois Etienne du Plessis: páginas 19, 25; Jason Smith: página 7; Brad Whitsitt: página 1
Otras imágenes de Corel

Traducción
Servicios de traducción al español y de composición de textos suministrados por translations.com

Library and Archives Canada Cataloguing in Publication

MacAulay, Kelley
    Fantásticos vehículos para la construcción / Kelley MacAulay y Bobbie Kalman.

(Vehículos en acción)
Includes index.
Translation of: Cool construction vehicles.
ISBN 978-0-7787-8304-6 (bound).--ISBN 978-0-7787-8314-5 (pbk.)

    1. Earthmoving machinery--Juvenile literature. 2. Cranes, derricks,
etc.--Juvenile literature. I. Kalman, Bobbie, 1947- II. Title. III. Series.

TA725.M3318 2007   j629.225   C2007-904541-3

Library of Congress Cataloging-in-Publication Data

MacAulay, Kelley.
    [Cool construction vehicles. Spanish]
    Fantasticos vehículos para la construcción / Kelley MacAulay y Bobbie Kalman.
    p. cm. -- (Vehiculos en acción)
    Includes index.
    ISBN-13: 978-0-7787-8304-6 (rlb)
    ISBN-10: 0-7787-8304-9 (rlb)
    ISBN-13: 978-0-7787-8314-5 (pb)
    ISBN-10: 0-7787-8314-6 (pb)
    1. Earthmoving machinery--Juvenile literature. 2. Construction equipment--Juvenile literature. I. Kalman, Bobbie. II. Title. III. Series.

TA725.M431418 2007
629.225--dc22

    2007030489

Crabtree Publishing Company

www.crabtreebooks.com   1-800-387-7650

Publicado en Canadá
Crabtree Publishing
616 Welland Ave.
St. Catharines, ON
L2M 5V6

Publicado en los Estados Unidos
Crabtree Publishing
PMB16A
350 Fifth Ave., Suite 3308
New York, NY 10118

Publicado en el Reino Unido
Crabtree Publishing
White Cross Mills
High Town, Lancaster
LA1 4XS

Publicado en Australia
Crabtree Publishing
386 Mt. Alexander Rd.
Ascot Vale (Melbourne)
VIC 3032

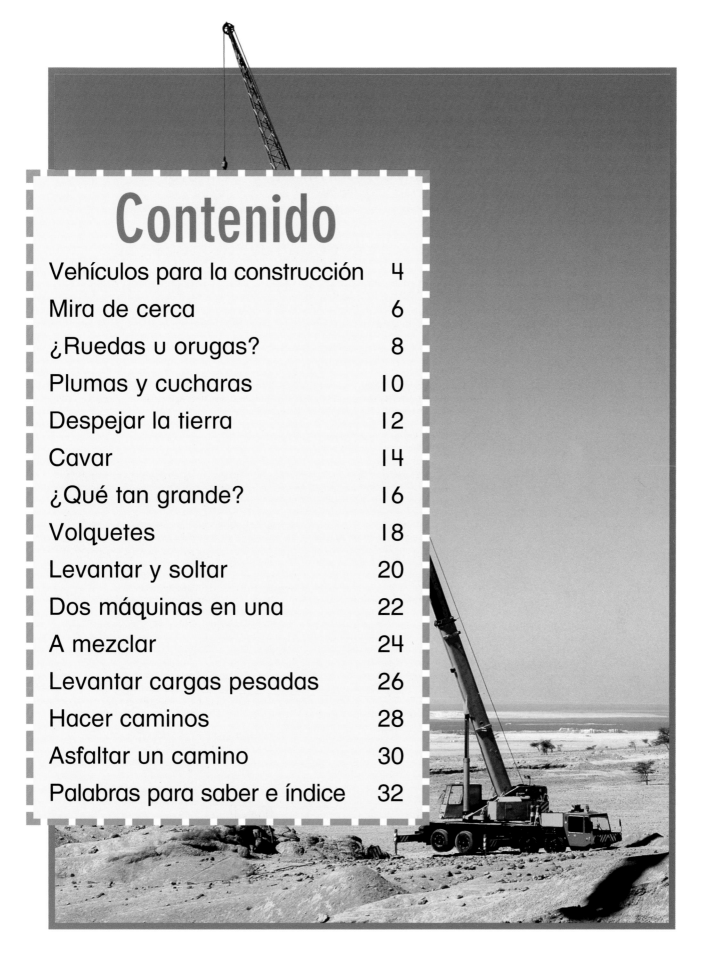

Contenido

Vehículos para la construcción 4

Mira de cerca 6

¿Ruedas u orugas? 8

Plumas y cucharas 10

Despejar la tierra 12

Cavar 14

¿Qué tan grande? 16

Volquetes 18

Levantar y soltar 20

Dos máquinas en una 22

A mezclar 24

Levantar cargas pesadas 26

Hacer caminos 28

Asfaltar un camino 30

Palabras para saber e índice 32

Vehículos para la construcción

Las personas **construyen** caminos y edificios. Construir significa hacer. Con los **vehículos para la construcción**, las personas construyen cosas. Los vehículos son máquinas que van de un lugar a otro. Esta fotografía muestra vehículos para la construcción.

Vehículos fuertes

Los vehículos para la construcción son fuertes. Algunos llevan cargas de tierra y otros la arrastran. Este vehículo para la construcción es un **volquete**. Lleva cargas de tierra.

Mira de cerca

Los vehículos para la construcción tienen muchas partes. Cada parte tiene una función diferente. Este vehículo para la construcción se llama **excavadora**. Cava agujeros.

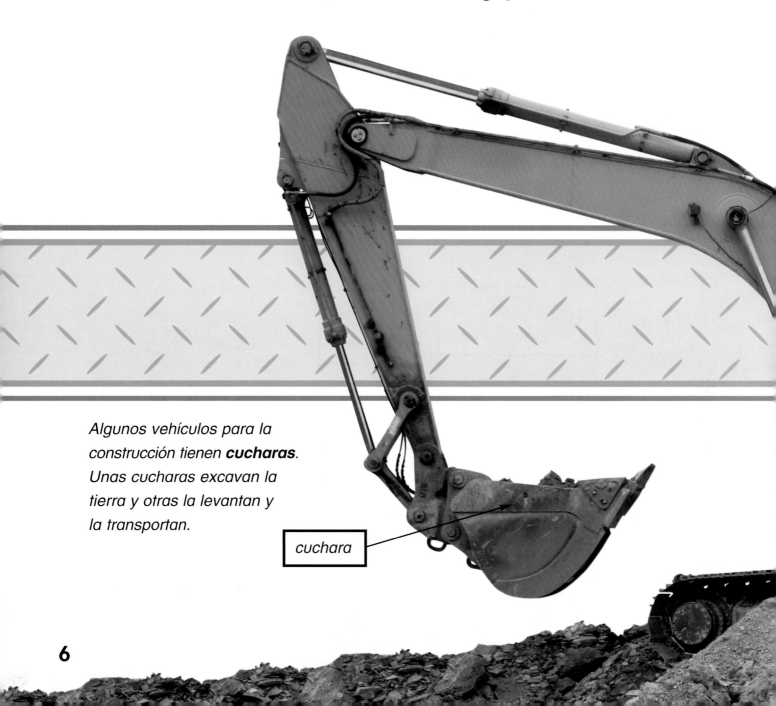

Algunos vehículos para la construcción tienen **cucharas**. Unas cucharas excavan la tierra y otras la levantan y la transportan.

cuchara

Los vehículos para la construcción tienen una **cabina**. En la cabina va sentado un trabajador.

controles

En la cabina hay **controles**. Un trabajador usa los controles para mover partes del vehículo.

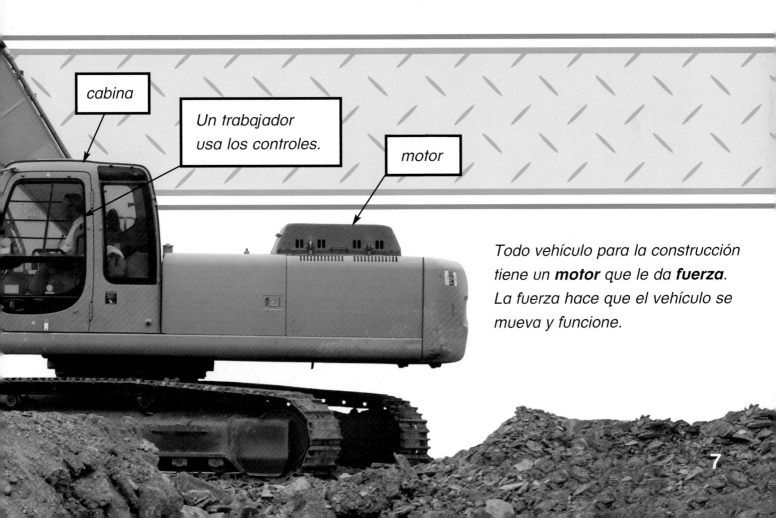

cabina

Un trabajador usa los controles.

motor

Todo vehículo para la construcción tiene un **motor** que le da **fuerza**. La fuerza hace que el vehículo se mueva y funcione.

¿Ruedas u orugas?

Algunos vehículos para la construcción tienen **ruedas**. Estos vehículos se mueven con facilidad sobre caminos de superficie dura. Las ruedas tienen neumáticos gruesos con **dibujo**. Los dibujos son surcos que hay en los neumáticos. Los dibujos se adhieren al suelo duro.

rueda

dibujo

Orugas anchas y planas

Las ruedas no funcionan bien en la tierra
suelta porque se hunden. Algunos vehículos
para la construcción tienen **orugas**. Las
orugas son anchas y planas. No se hunden
en la tierra suelta. Los vehículos para
la construcción que tienen orugas
pueden andar sobre tierra suelta.

oruga

Las orugas son muy anchas.

Plumas y cucharas

Muchos vehículos para la construcción tienen **plumas**. Las plumas son brazos largos y fuertes. Los trabajadores usan controles para moverlas. Las plumas pueden subir o bajar. También pueden doblarse para llegar al suelo. Las excavadoras tienen plumas.

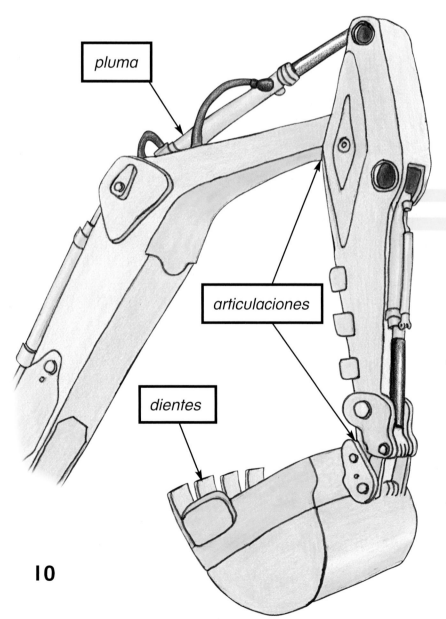

pluma

articulaciones

dientes

*Una pluma tiene partes llamadas **articulaciones**. Tus rodillas son articulaciones. Las articulaciones permiten que la pluma se doble como tus rodillas.*

*Algunas cucharas están hechas para cavar. La mayoría de las cucharas tienen **dientes**. Los dientes ayudan a cavar en la tierra.*

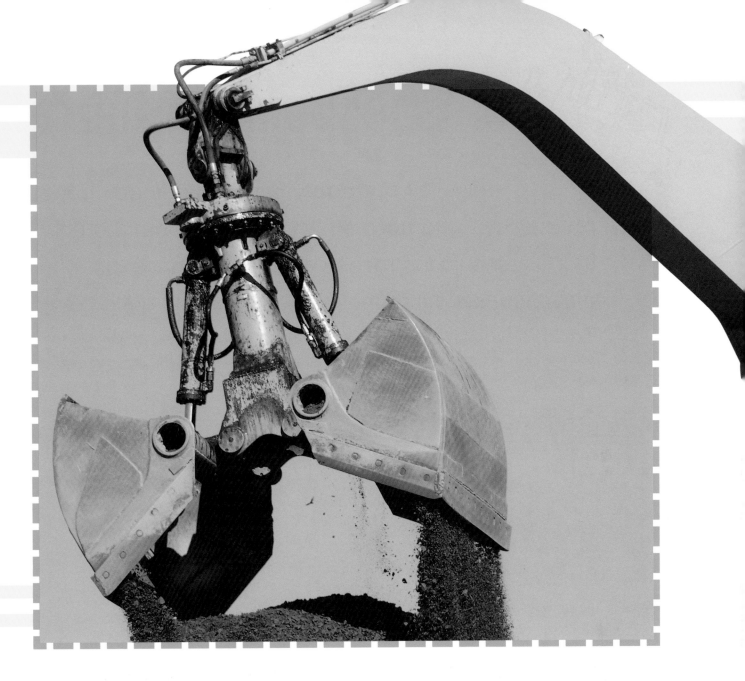

Cucharas diferentes

Hay distintas clases de cucharas. Esta cuchara es una **cuchara de almeja**. Tiene dos partes que se abren y se cierran. Se abren para levantar la tierra y se cierran para transportarla.

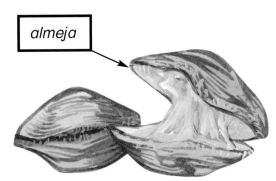

almeja

La cuchara de almeja se llama así por la forma que tiene. Las almejas se abren y se cierran.

11

Despejar la tierra

El **_bulldozer_** despeja la tierra. Tiene una **pala** en la parte delantera. La pala empuja las rocas y la tierra. Cuando las retira, las personas pueden construir en la tierra.

pala

A hacerla pedazos

Algunos *bulldozers* tienen **subsoladores**,
que son como garras afiladas. Rompen
la tierra dura en pedazos. La pala
del *bulldozer* luego arrastra
los pedazos de tierra.

subsolador

subsolador

13

Cavar

Las excavadoras están hechas para cavar. Tienen cucharas y plumas fuertes. Las cucharas cavan grandes agujeros que se usan para diferentes cosas. Un agujero puede convertirse en el sótano de una casa.

A mover rocas

Las excavadoras pueden mover rocas pesadas. Con sus cucharas levantan las rocas y las retiran. Esta fotografía muestra una cuchara levantando unas rocas muy grandes.

¿Qué tan grande?

Algunas excavadoras son enormes. Sacan rocas de **canteras**. Las canteras son sitios de gran tamaño llenos de rocas.

Cucharas grandes

La cuchara de una excavadora enorme también es muy grande. ¡Es tan grande que en ella puede entrar un auto! Esta cuchara puede levantar muchas rocas.

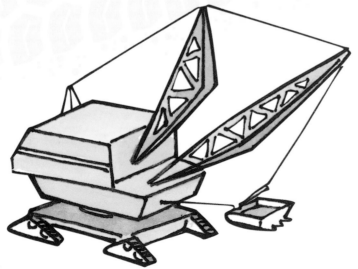

Volquetes

Las excavadoras sacan un montón de tierra y rocas. Los volquetes se llevan la tierra y las rocas. Muchos volquetes trabajan en grandes **obras de construcción**. Una obra de construcción es un lugar en el que se está haciendo un camino o un edificio.

ruedas traseras

Los volquetes llevan cargas muy pesadas. La mayoría tiene más de dos ruedas traseras. Estas ruedas adicionales le ayudan al volquete a llevar cargas pesadas.

Una plataforma atrás

La parte trasera de un volquete se llama **plataforma**. Los volquetes llevan tierra en la plataforma. Para vaciarla, el trabajador que está en el volquete usa los controles. Estos controles levantan la parte delantera de la plataforma y la tierra se desliza y cae.

plataforma

Levantar y soltar

Las **cargadoras frontales** son vehículos para la construcción que llenan volquetes con tierra y rocas.

Llenar e inclinar

La cargadora frontal tiene una cuchara que sube y baja. La cuchara recoge una carga de tierra y la levanta por encima del vehículo. Luego se inclina hacia adelante y la tierra cae en el volquete. La cargadora frontal sigue llenando el volquete. Cuando la plataforma está llena, el volquete se lleva la tierra.

Dos máquinas en una

La **retroexcavadora** tiene dos máquinas en una. Es una cargadora frontal y también una excavadora. En la parte delantera tiene una cuchara grande y ancha que levanta la tierra. En la parte trasera de la retroexcavadora hay una pluma. Esta pluma tiene una cuchara más pequeña que cava en el suelo.

cuchara delantera

cuchara trasera

Las retroexcavadoras se usan en lugares pequeños. En este lugar se construye una casa. Esta retroexcavadora se usa para cavar y retirar la tierra.

A mezclar

El **camión mezclador** tiene un **tambor**. El tambor es la parte grande y cilíndrica. En el tambor se mezcla el **hormigón**. El hormigón se hace con arena, grava, agua y **cemento**. Cuando el cemento se seca, el hormigón queda muy duro.

tambor

El hormigón se usa para construir edificios y aceras.

Mezclar el hormigón

El tambor gira una y otra vez para mezclar el hormigón. Cuando el hormigón se ha mezclado, sale del tambor y cae por una parte llamada **canaleta**.

canaleta

El hormigón húmedo es muy blando y se puede extender. El hormigón seco es duro como una roca.

Levantar cargas pesadas

La **grúa** es una máquina grande que puede levantar objetos muy pesados. Algunas son **grúas móviles** que se pueden mover de un lugar a otro, sobre ruedas u orugas. Esta grúa móvil levanta un bloque grande de hormigón.

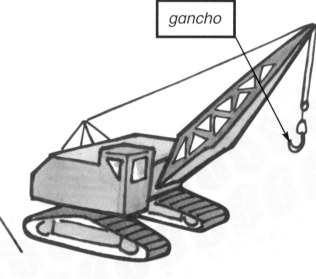

gancho

La mayoría de las grúas tienen ganchos.
Las grúas levantan objetos en los ganchos.

26

La estabilidad

La mayoría de las grúas tienen **pies**. Los pies mantienen la grúa estable cuando levanta cosas pesadas.

pie

Hacer caminos

Las personas que construyen carreteras usan vehículos para la construcción. Primero usan un vehículo llamado **rascadora**. En la parte inferior tiene una pala que raspa los bultos del suelo.

Esta pala raspa el suelo.

Suelo plano

Luego se pasa una **compactadora** por encima del suelo. Ésta tiene pesadas ruedas de metal que aplanan el suelo.

ruedas de metal

Una capa de piedras

Un volquete descarga piedras sobre el suelo plano. La **niveladora** tiene una pala larga en la parte inferior. Con ella extiende las piedras para formar una capa.

La niveladora extiende las piedras con su pala.

Asfaltar un camino

Un volquete descarga **asfalto** en una **asfaltadora**. El asfalto es un líquido pegajoso mezclado con arena o grava. La asfaltadora extiende el asfalto en el suelo, sobre la capa de piedras.

Un volquete descarga asfalto en una asfaltadora.

Esta asfaltadora extiende el asfalto.

Para terminar el trabajo

La **aplanadora** tiene ruedas lisas de metal. La aplanadora pasa sobre el asfalto y las ruedas lo alisan. Cuando el asfalto se seca, queda muy duro.

La aplanadora tiene ruedas lisas de metal.

Palabras para saber e índice

aplanadora
página 31

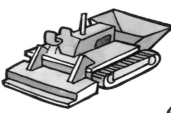

asfaltadora
página 30

bulldozer
páginas 12-13

camión mezclador
páginas 24-25

cargadora frontal
páginas 20-21, 22

compactadora
página 29

excavadora
páginas 6, 10, 14-15,
16-17, 18, 22

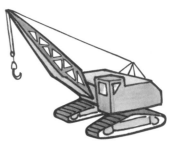

grúa
páginas 26-27

niveladora
página 29

rascadora
página 28

volquete
páginas 5, 18-19,
20, 29, 30

retroexcavadora
páginas 22-23

Otras palabras

articulaciones 10
cabina 7
cuchara 6, 10, 11, 14,
    15,16, 20, 22
dientes 10
orugas 9, 26
pala 12, 13, 28, 29
pluma 10, 14, 22
ruedas 8, 9, 18, 26, 31

Impreso en Canadá